# 마법천자문 컬러링북

### 2 · 명장면

## <마법천자문 컬러링북>의 특징

1. 마법천자문을 즐기는 특별한 방법을 제공해요!
2. 암기할 필요 없이, 색을 칠하면 저절로 한자 공부가 돼요!
3. 한자의 뜻, 마법천자문 속 명장면과 명대사를 통해 바른 가치와 인성을 키울 수 있어요!
4. 다채롭게 색칠하며 예술 감각과 색채 감각을 키울 수 있어요!
5. 유쾌하고 통쾌한 마법천자문의 그림들을 색칠하며 스트레스를 풀 수 있어요!

## 『마법천자문 컬러링북 2』 이렇게 활용하세요!

『마법천자문 컬러링북 2』는 명장면을 중심으로 마법천자문의 재미있는 그림을 모았습니다. 명승부, 멋진 풍경, 명언, 주인공과 명조연 등 마법천자문에 등장하는 다채로운 명장면들을 모두 만나 보세요!

1. 좋아하는 장면을 찾아 먼저 색칠해 보세요.
2. 어떤 이야기 중에 나왔던 그림인지 곰곰이 되짚어 보세요.
3. 마법천자문과 비교해 보며 같은 색으로 칠해 보고, 다른 색으로도 칠해 보세요.
4. 각 장면에 쓰인 한자의 뜻을 생각하며 천천히 색칠해 보세요.
5. 무엇보다도 재미있고 자유롭게, 마음이 가는 대로 색칠해 보세요.

## 이 책에 나오는 한자

| | | |
|---|---|---|
| 勝 이길 승 | 風 바람 풍 | 志 뜻 지 |
| 負 질 부 | 景 볕 경 | 主 주인 주 |
| 東 동녘 동 | 暗 어두울 암 | 人 사람 인 |
| 西 서녘 서 | 黑 검을 흑 | 公 공평할 공 |
| 南 남녘 남 | 界 경계 계 | 印 도장 인 |
| 北 북녘 북 | 出 날 출 | 照 비출 조 |
| 巨 클 거 | 港 항구 항 | 助 도울 조 |
| 大 큰 대 | 名 이름 명 | 演 펼 연 |
| 爆 터질 폭 | 言 말씀 언 | 祝 축하할 축 |
| 音 소리 음 | 防 막을 방 | 明 밝을 명 |
| 無 없을 무 | 生 날 생 | 龍 용 용 |
| 戰 싸울 전 | 命 목숨 명 | |
| 鬪 싸울 투 | 同 같을 동 | |

# 승부 勝負

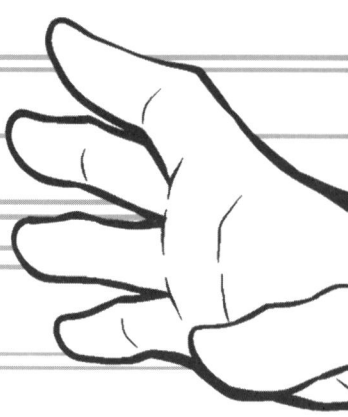

마법천자문 속 명승부를 만나 볼까요?

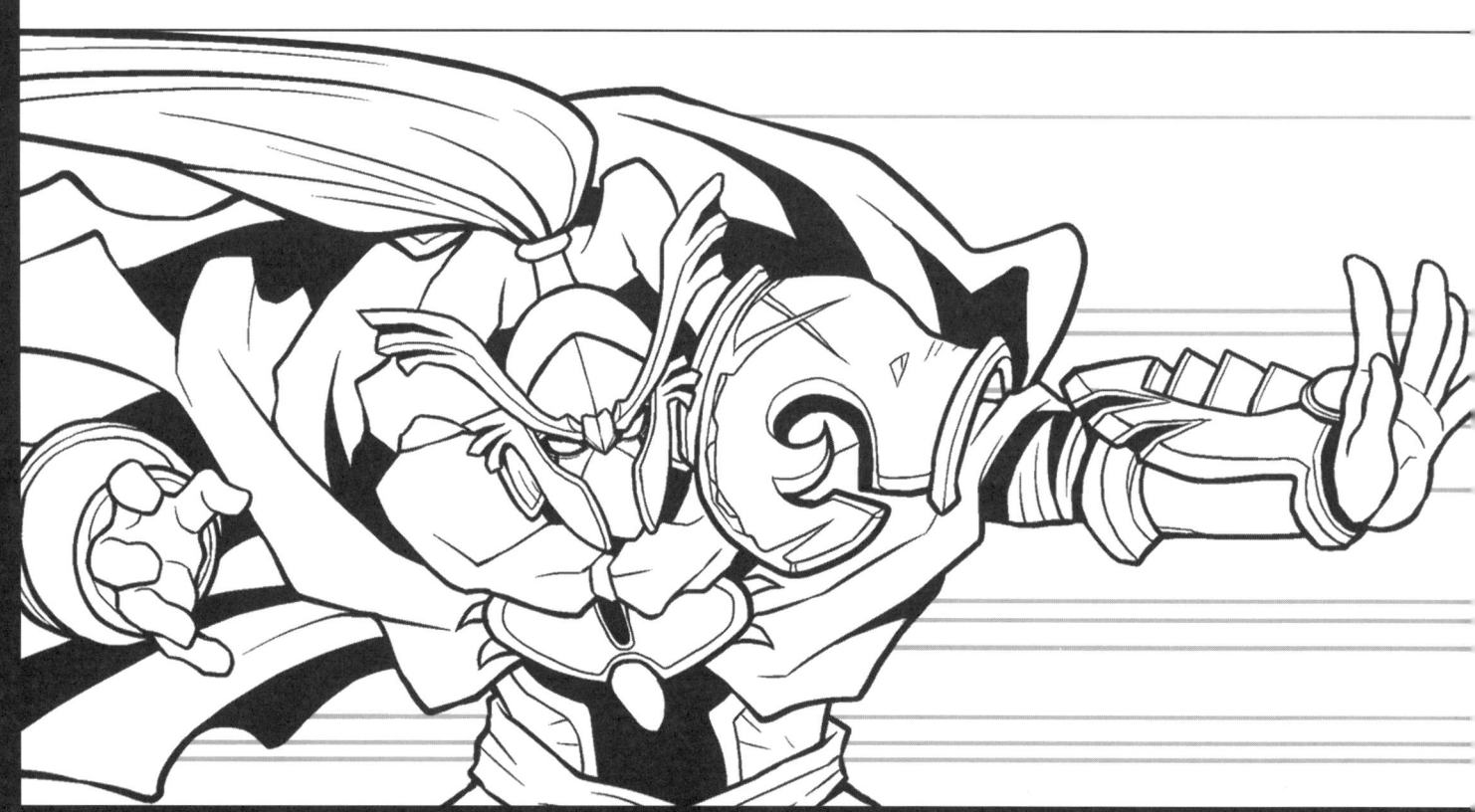

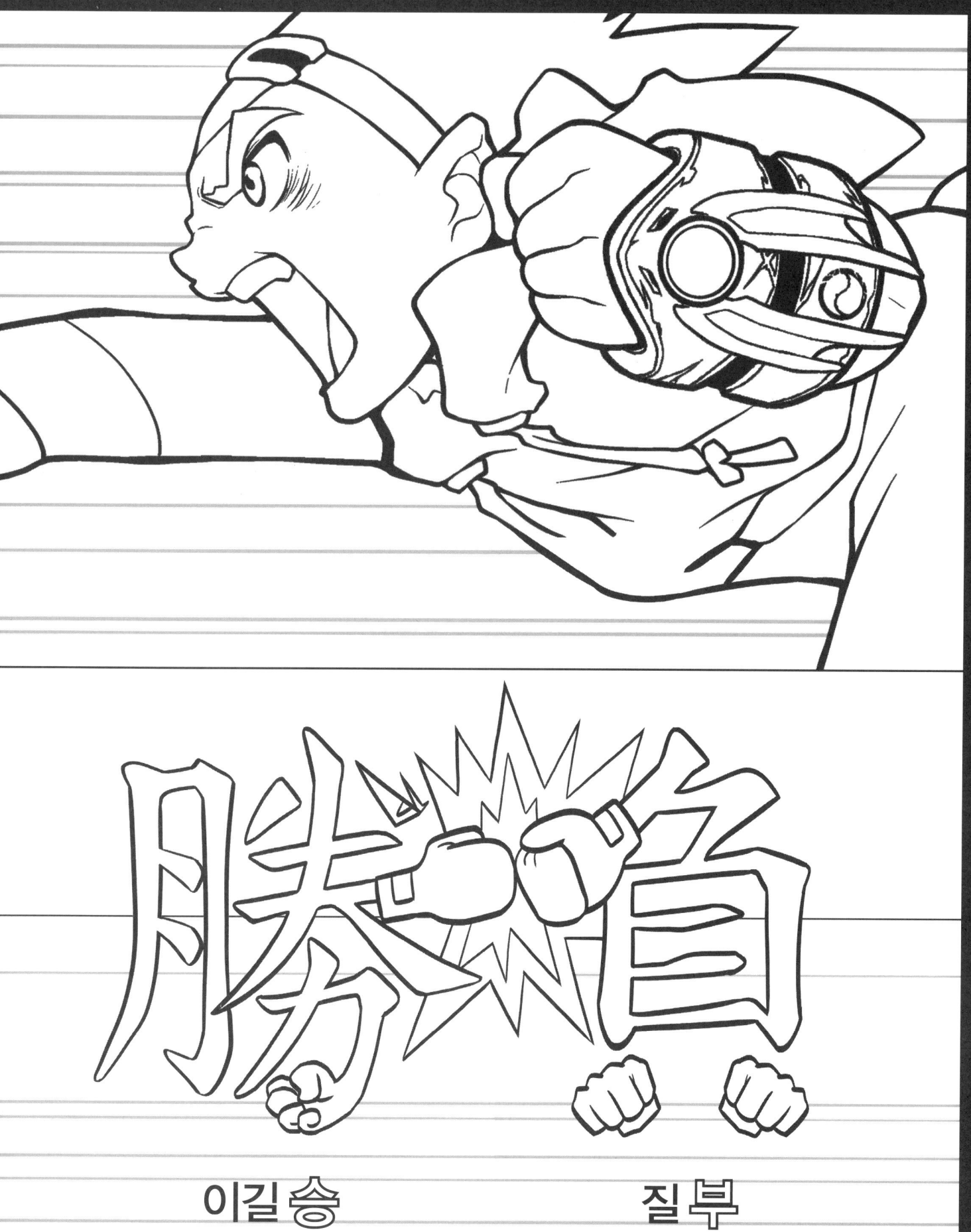

손오공이 한자 마법으로 거대해졌어요.
이제 대마왕과 승부를 벌일 수 있겠지요?

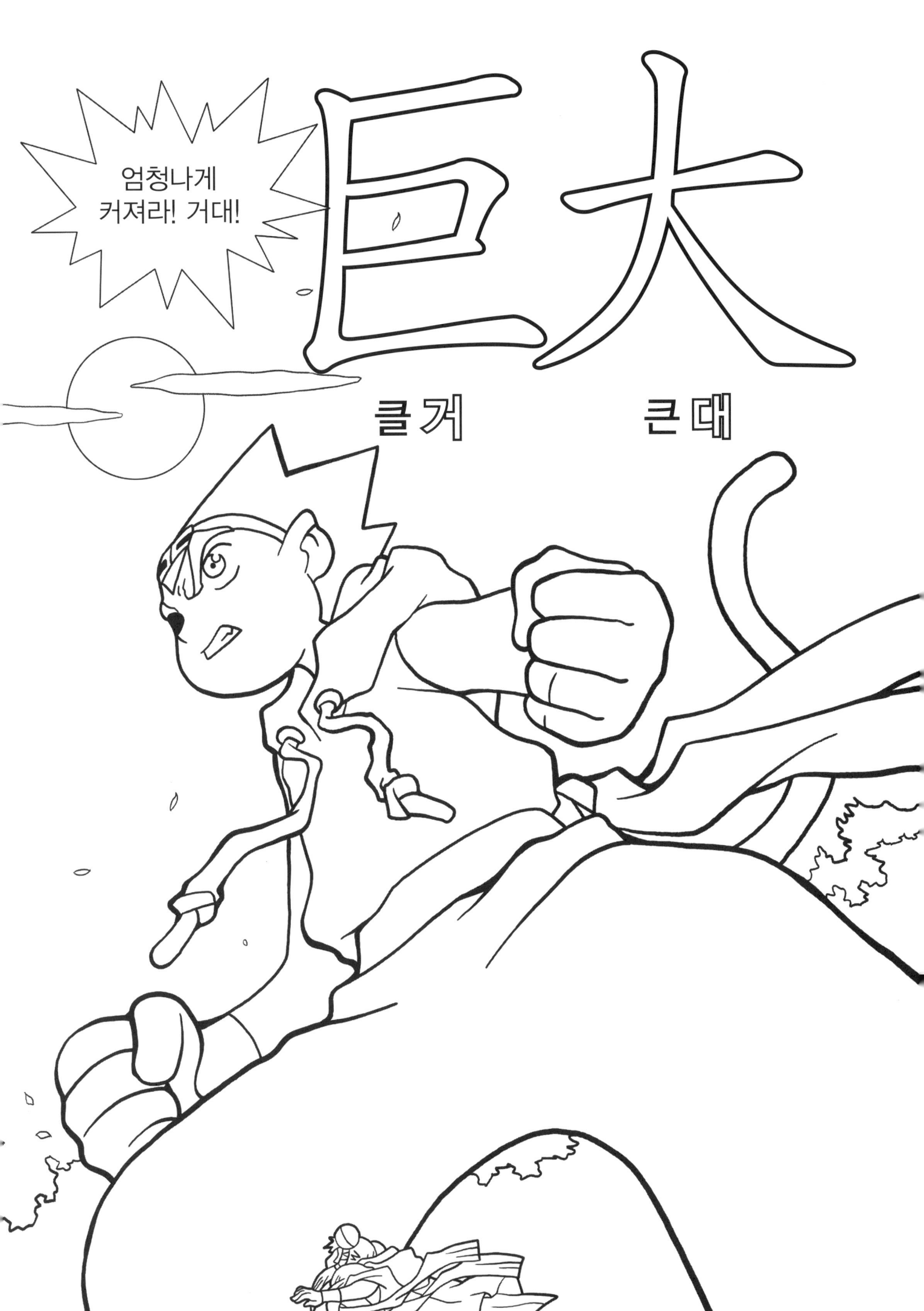

천상연합군과 대마왕군은 세상의 중심에서 전투를 벌였어요.
역사에 남을 전투였지요.

와와 와와

# 풍경 風景

風景

바람 풍              볕 경

이제 마법천자문 속 명풍경을 만나 볼 차례예요.

차가운 대륙은 언제나 눈에 덮여 있어요.

차가운 대륙은 언제나 눈에 덮여 있어요.

# 名 이름 명

# 言 말씀 언

마법천자문에는 마음에 새길 만한 명언도 많이 나와요.

안 된다고 생각하지 마!
소중한 것들을 지켜야 하잖아!
다시 일어서라고!

막아라!
막을 방!

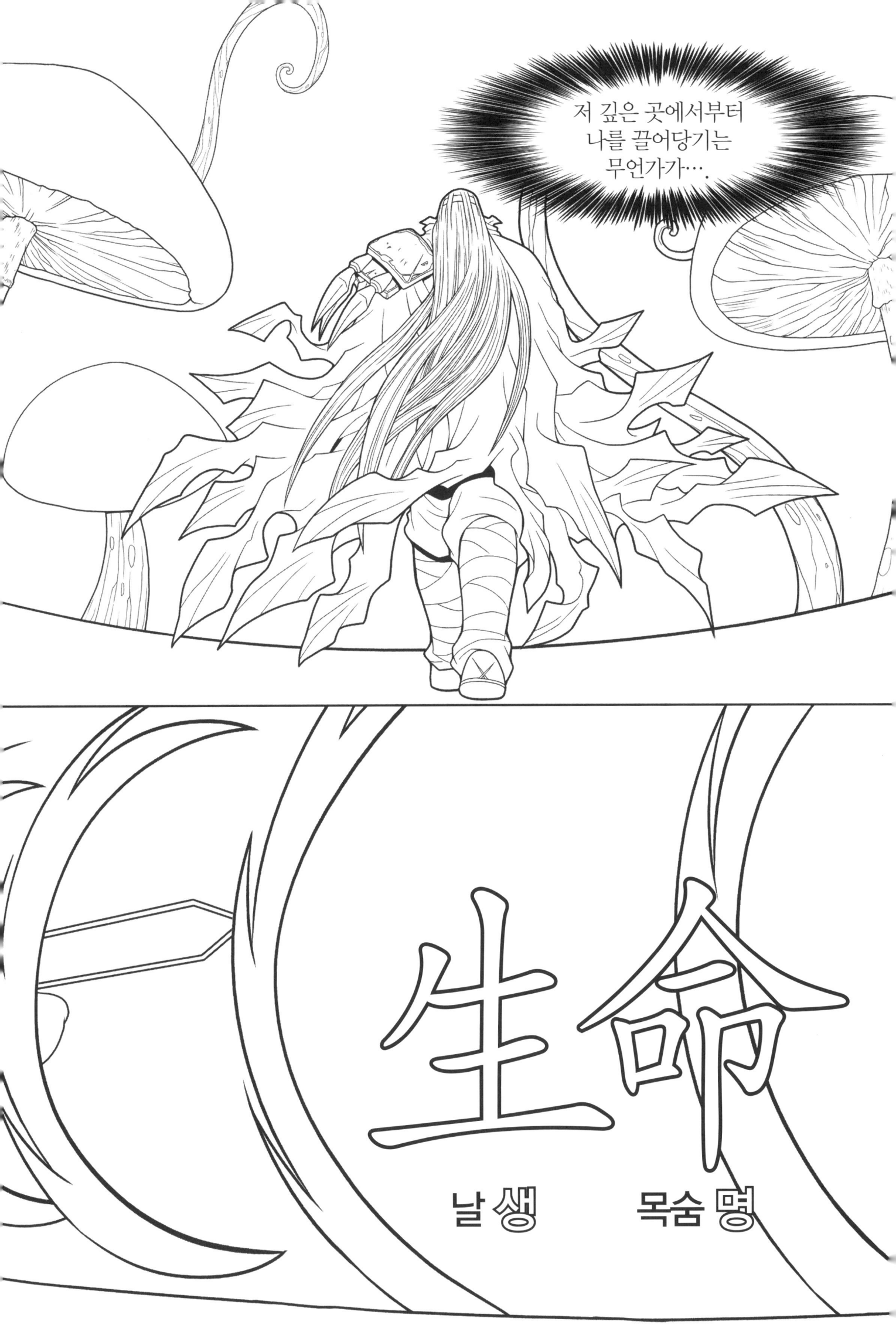

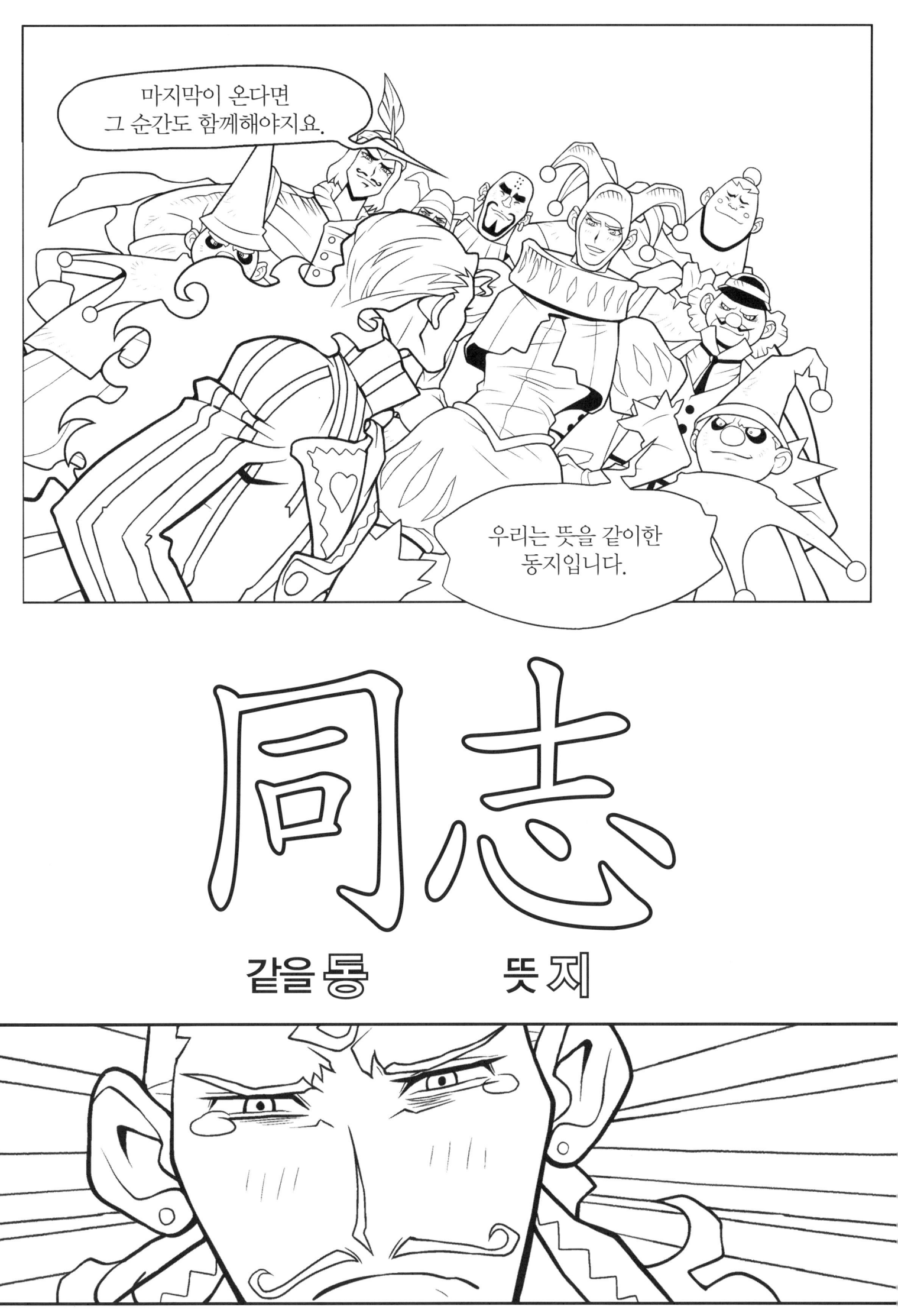

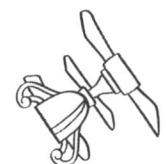

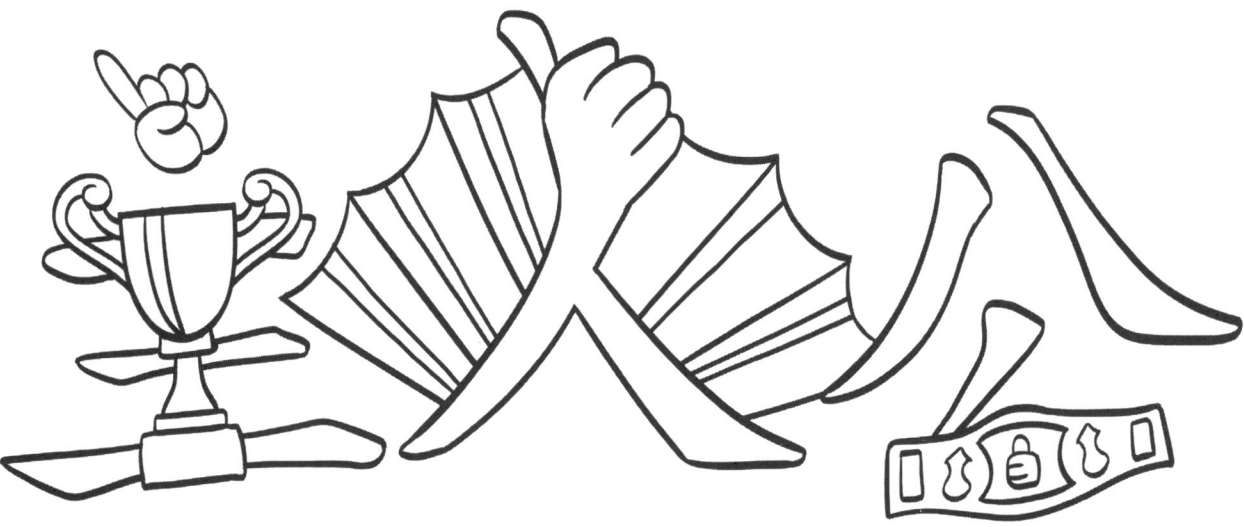

| 주인 주 | 사람 인 | 공평할 공 |

마법천자문의 주인공들을 같이 만나 보아요!

# 명조연 名助演

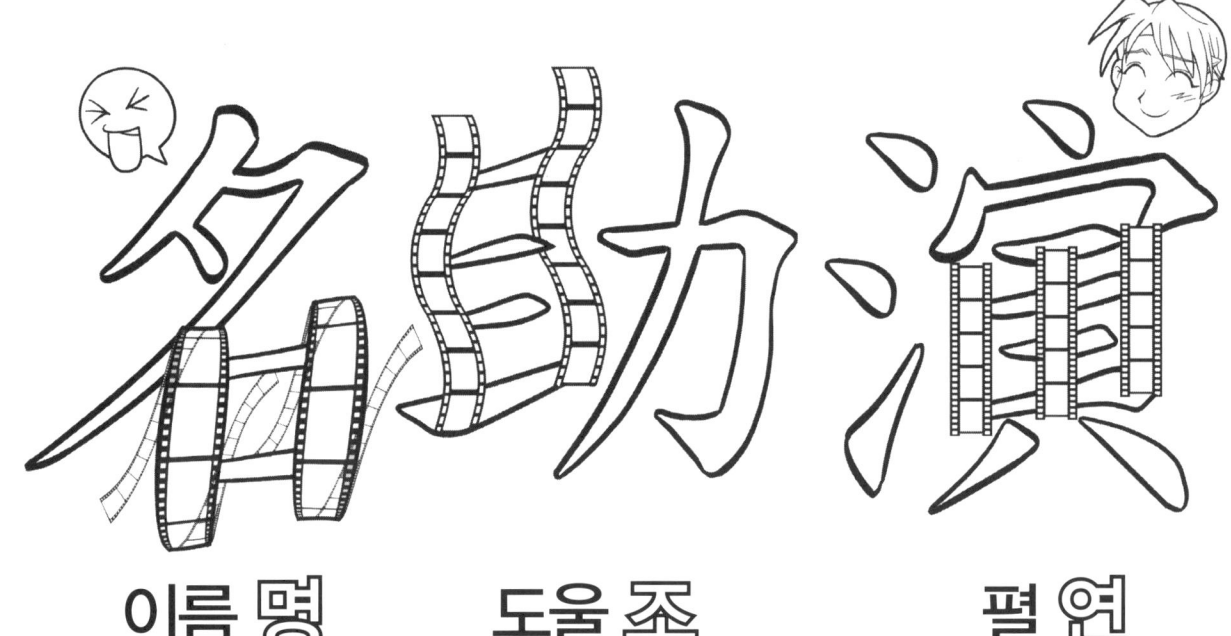

이름 명 　 도울 조 　 펼 연

마법천자문에는 주인공을 뛰어넘는
멋진 조연들도 많아요.

해적 상어왕

맥주병

늑대왕

돼지왕

거인 쌍둥이 형제

불도자

미궁박쥐

이번도

해골병사

양 종족은 욕심이라고는
찾아볼 수 없이 순수해서 인상에 남아요.

축하합니다!
축하할 축!

# 마법천자문 컬러링북 2

**1판 1쇄 인쇄** | 2016년 6월 30일
**1판 1쇄 발행** | 2016년 7월 14일

**펴낸이** | 김영곤
**기획개발팀장** | 은지영   **기획개발** | 노지연 강지하 김지은 홍희정 김송희 인우리
**영업마케팅팀장** | 안형태   **영업마케팅** | 김창훈 오하나 김은지
**북디자인** | 박선향

**펴낸곳** | (주)북이십일 아울북
**등록번호** | 제406-2003-061호
**등록일자** | 2000년 5월 6일
**주소** | 경기도 파주시 회동길 201(문발동) (우 10881)
**전화** | 031-955-2138(기획개발), 031-955-2100(마케팅·영업·독자문의)
**브랜드 사업 문의** | 031-955-2160   license21@book21.co.kr
**팩시밀리** | 031-955-2421
**홈페이지** | magicchanja.com
ISBN 978-89-509-6577-8 74720
ISBN 978-89-509-6579-2 74720(세트)

Copyright©2016 by Book21 아울북. All rights reserved.
이 책을 무단 복사·복제·전재하는 것은 저작권법에 저촉됩니다.

* 잘못 만들어진 책은 **구입하신 서점**에서 교환해 드립니다.
* 가격은 책 뒤표지에 있습니다.

- 제조자명 : (주)북이십일
- 주소 및 전화번호 : 경기도 파주시 문발동 회동길 201(문발동) / 031-955-2100
- 제조연월 : 2016.7.14
- 제조국명 : 대한민국
- 사용연령 : 3세 이상 어린이 제품